Impressum
Verlag: BABADADA GmbH, Nedderfeld 112 , 22529 Hamburg
Geschäftsführer / Verlagsleitung: Harald Hof
Druck: Books on Demand GmbH, In de Tarpen 42, 22848 Norderstedt

Imprint
Publisher: BABADADA GmbH, Nedderfeld 112 , 22529 Hamburg, Germany
Managing Director / Publishing direction: Harald Hof
Print: Books on Demand GmbH, In de Tarpen 42, 22848 Norderstedt

shule
sekolah

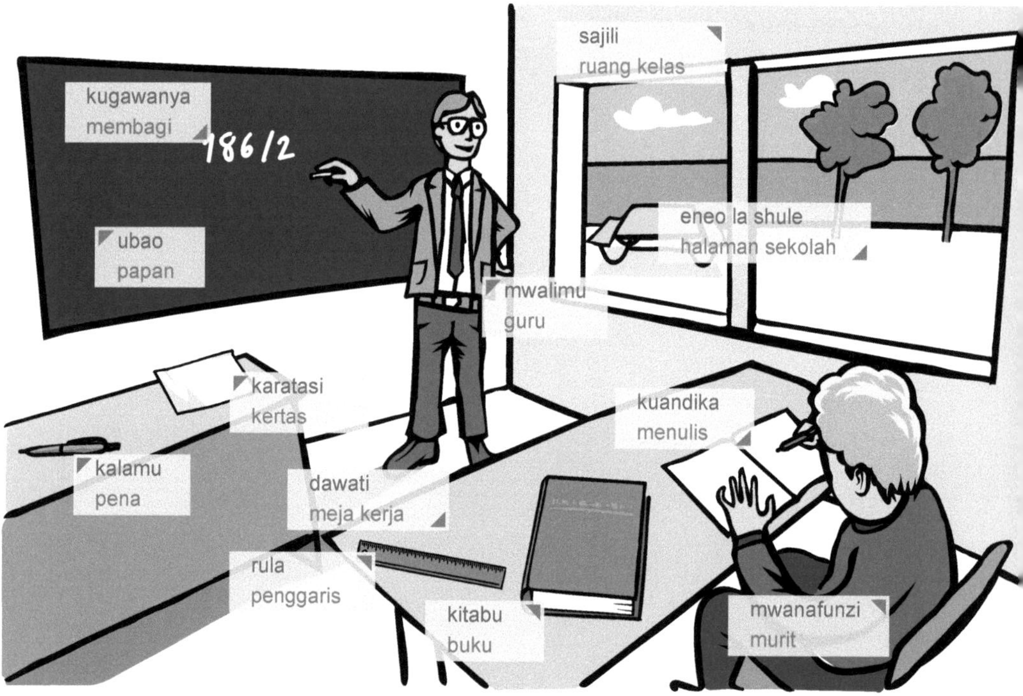
sajili
ruang kelas
kugawanya
membagi
186/2
ubao
papan
eneo la shule
halaman sekolah
mwalimu
guru
karatasi
kertas
kuandika
menulis
kalamu
pena
dawati
meja kerja
rula
penggaris
kitabu
buku
mwanafunzi
murit

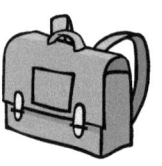

mkoba
tas sekolah

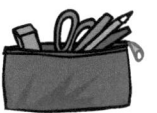

kikasha cha penseli
tempat pensil

penseli
pensil

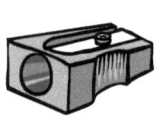

kichonga penseli
pengasah pensil

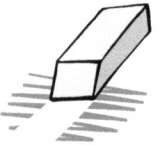

mpira
penghapus

pedi ya kuchora
kertas gambar

uchoraji

gambar

brashi ya rangi

kuas

sanduku la rangi

kotak cat

mkasi

gunting

gundi

lem

daftari

buku latihan

kazi ya nyumbani

pekerjaan rumah

nambari

angka

jumlisha

tambhakan

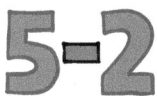

ondoa

mengurangi

zidisha

mengalikan

kokotoa

menghitung

barua

huruf

alfabeti

alfabet

neno

kata

maandishi

teks

kusoma

membaca

chaki

kapur

somo

pelajaran

sajili

daftar

uchunguzi

ujian

cheti

sertifikat

sare za shule

seragam sekolah

elimu

pendidikan

elezo

ensiklopedi

chuo kikuu

universitas

darubini

mikroskop

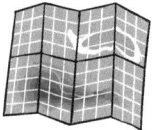

ramani

peta

kikapu cha kuweka karatasi chafu

tempat sampah

usafiri
perjalanan

hoteli
hotel
Grand
hosteli
hostel
ROOMS
ofisi ya ubadilishanaji
kantor pertukaran mata uang
EXCHANGE
sanduku
koper
gari
mobil

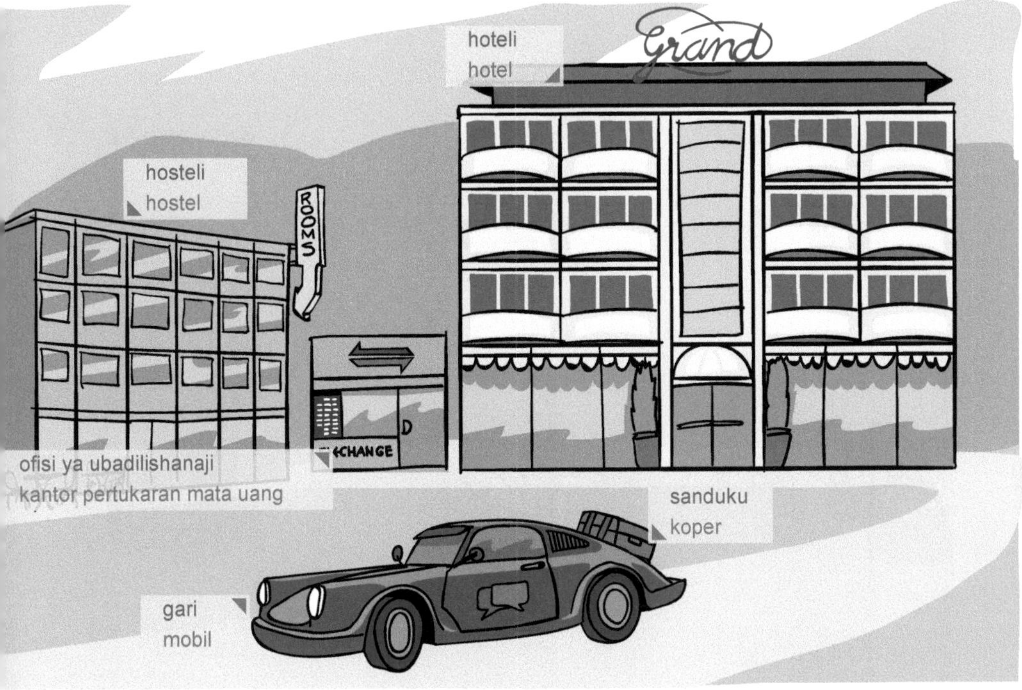

lugha
bahasa

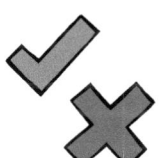

ndiyo / la
ya / tidak

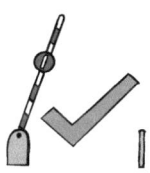

sawa
okay

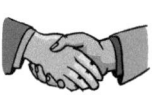

hujambo
hallo

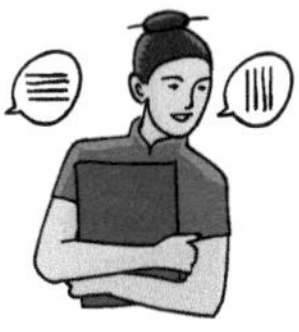

mtafsiri
penerjemah

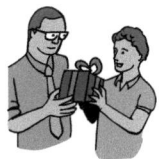

Asante
terima kasih

kiasi gani ni ...?

Berapa harganya...?

Sielewi

saya tidak mengerti

tatizo

masalah

Jioni njema!

Selamat malam!

Habari za asubuhi!

Selamat siang!

Usiku mwema!

Selamat tidur!

kwa heri

sampai jumpa

mwelekeo

arah

mizigo

bagasi

mfuko

tas

shanta

ransel

mgeni

tamu

chumba

ruang

begi la kulalia

kantong tidur

hema

tenda

taarifa ya utalii

informasi wisata

ufuo

pantai

kadi

kartu kredit

kifunguakinywa

sarapan

chakula cha mchana

makan siang

chakula cha jioni

makan malam

tiketi

tiket

kuinua

elevator

muhuri

perangko

mpaka

perbatasan

mila

cukai

ubalozi

kedutaan

visa

visa

pasipoti

paspor

usafiri

transportasi

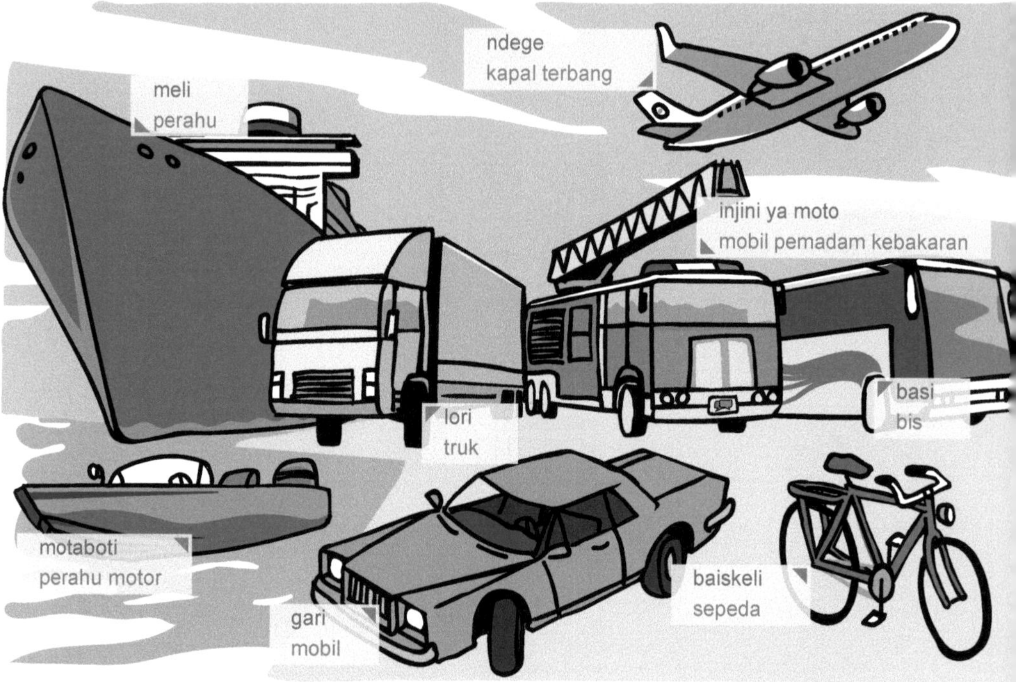

ndege
kapal terbang
meli
perahu
injini ya moto
mobil pemadam kebakaran
basi
bis
lori
truk
motaboti
perahu motor
baiskeli
sepeda
gari
mobil

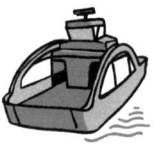

feri

feri

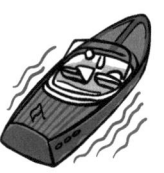

mashua

perahu

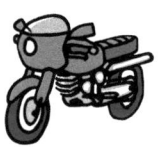

pikipiki

sepeda motor

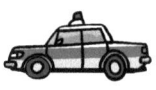

gari la polisi

mobil polisi

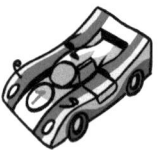

gari la mashindano

mobil balapan

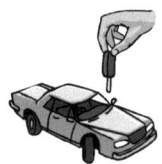

gari la kukodisha

mobil sewa

kushiriki gari

berbagi mobil

lori la kuvuta

truk derek

ukusanyaji taka

truk sampah

motor

motor

mafuta

bahan bakar

kituo cha mafuta

bensin

ishara trafiki

tanda lalulintas

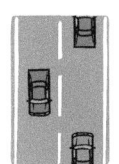

trafiki

lalulintas

msongamano

macet

maegesho

parkir mobil

kituo cha treni

stasiun kereta

reli

trek

garimoshi

kereta api

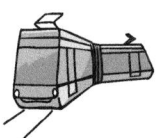

tremu

tram

gari la mizigo

gerobak

helikopta
helikopter

uwanja wa ndege
bendara

mnara
menara

abiria
penumpang

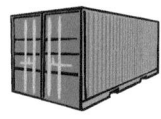

chombo
container

katoni
karton

mkokoteni
troli

kikapu
keranjang

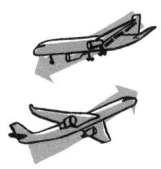

ondoka
berangkat / mendarat

jiji
kota

kijiji
desa

katikati ya jiji
pusat kota

nyumba
rumah

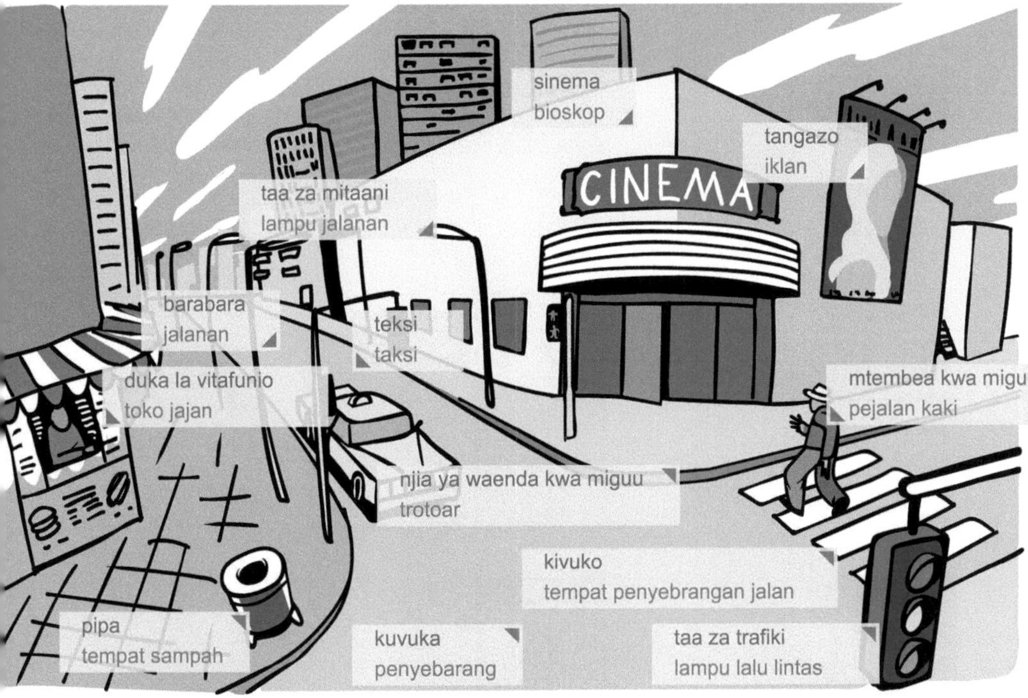

sinema
bioskop

tangazo
iklan

taa za mitaani
lampu jalanan

CINEMA

barabara
jalanan

teksi
taksi

duka la vitafunio
toko jajan

mtembea kwa miguu
pejalan kaki

njia ya waenda kwa miguu
trotoar

kivuko
tempat penyebrangan jalan

pipa
tempat sampah

kuvuka
penyebarang

taa za trafiki
lampu lalu lintas

kibanda
gubuk

gorofa
rumah flat

kituo cha treni
stasiun kereta

ukumbi wa mji
balai kota

Makavazi
museum

shule
sekolah

chuo kikuu

universitas

benki

bank

hospitali

rumah sakit

hoteli

hotel

duka la dawa

farmasi

ofisi

kantor

duka la kitabu

toko buku

duka

toko

duka la maua

toko bunga

dukakuu

supermarket

soko

pasar

idara ya kuhifadhi

toko serba ada

mwuza samaki

nelayan

kituo cha ununuzi

pusat belanja

bandari

pelabuhan

Hifadhi

taman

benki

banku

daraja

jembatan

vidato

tangga

chini ya ardhi

kereta bawah tanah

handaki

terowongan

kituo cha mabasi

pemberhantian bis

bar

bar

mgahawa

restauran

sanduku la posta

kotak surat

ishara ya barabara

tanda jalan

mita ya maegesho

meteran parkir

bustani ya wanyama

kebun binatang

kidimbwi cha kuogelea

kolam renang

msikiti

mesjid

shamba
pertanian

uchafuzi
polusi

makaburini
kuburan

kanisa
gereja

uwanja wa michezo
tempat bermain

hekalu
pura

mazingira
pemandangan

jani
daun

ishara ya mwelekeo
penunjuk arah

njia
jalanan

malisho
padang rumput

jiwe
batu

mti
pohon

mtembeaji wa masafa
pejalak kaki

mto
sungai

nyasi
rumput

ua
bunga

bonde

lembah

kilima

bukit

ziwa

danau

msitu

hutan

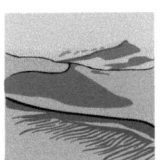

jangwa

padang gurun

volkano

gunung berapi

ngome

istana

upinde wa mvua

pelangi

uyoga

jamur

mtende

pohon palem

mbu

nyamuk

kuruka

lalat

chungu

semut

nyuki

lebah

buibui

laba-laba

mende

kumbang

chura

kodok

kuchakuro

tupai

nungunungu

landak

sungura

kelinci

bundi

burung hantu

ndege

burung

swan

angsa

nguruwe mwitu

babi jantan

kulungu

rusa

aina ya kongoni

rusa

bwawa

bendungan

tabo ya upepo

turbin angin

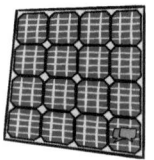

nishaji ya jua

panel surya

hali ya hewa

iklim

mhudumu
pelayan

menyu
daftar makanan

kiti
kursi

supu
sup

piza
pizza

vilia
peralatan makan

kitambaa cha mezani
taplak

kiamsha hamu

hindangan pembuka

kozi kuu

hidangan utama

kitindamlo

hidangan penutup

vinywaji

minuman

chakula

makanan

chupa

botol

chakula cha haraka
....
fastfood

Streetfood
....
masakan jalanan

buli
....
teko teh

kisanduku cha sukari
....
kaleng gula

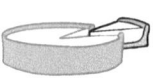

sehemu
....
porsi

mashine ya espresso
....
mesin espresso

kiti kirefu
....
kursi tinggi

muswada
....
tagihan

trei
....
baki

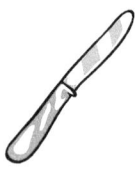

kisu
....
pisau

uma
....
garpu

kijiko
....
sendok

kijiko cha chai
....
sendok teh

nepi
....
serbet

glasi
....
gelas

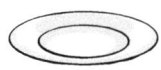

sahani
....
piring

sahani ya supu
....
piring sup

sufuria
....
lepek

mchuzi
....
saus

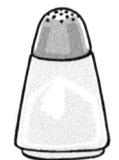

kichanyaji chumvi
....
tempat garam

kinu cha pilipili
....
gilingan merica

siki
....
cuka

mafuta
....
minyak

viungo
....
bumbu

kechapu
....
saus tomat

haradali
....
mustar

kachumbari nzito
....
mayones

dukakuu

supermarket

ofa maalum
penawaran khusus
FOR
mteja
klien
maziwa
produk susu
matunda
buah
toroli
troli

BUTCHERS

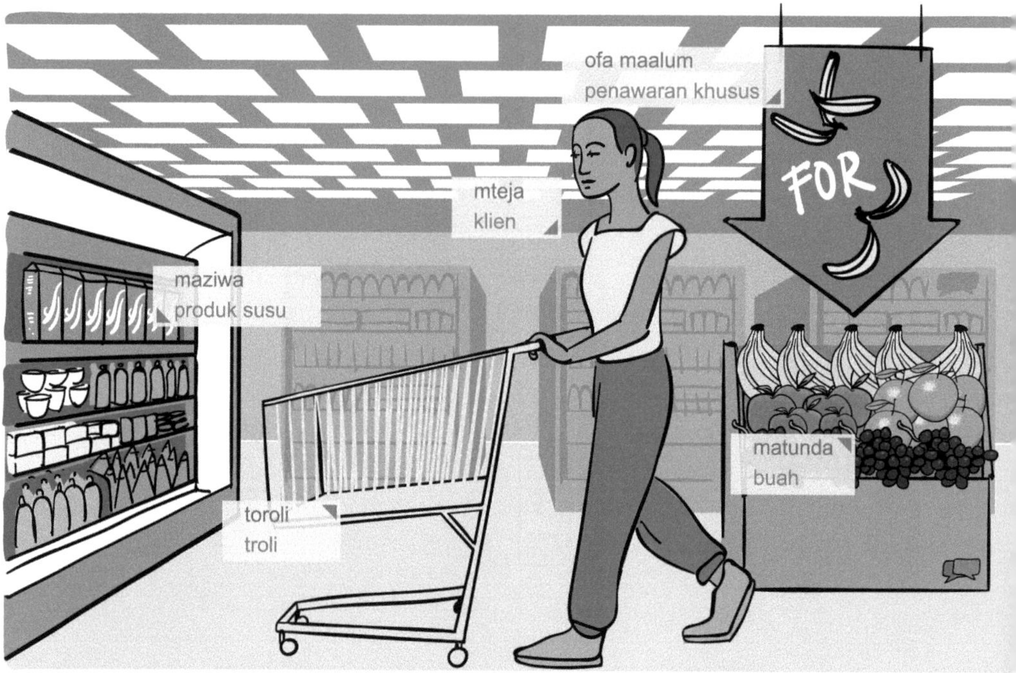

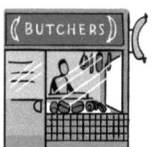

mchinjaji

pembantai

BAKERY

mwokaji

toko roti

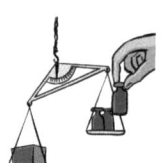

uzito

menimbang

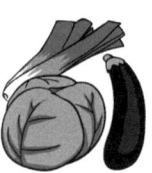

mboga

sayur

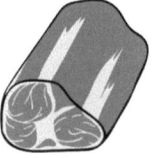

nyama

daging

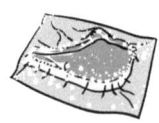

chakula waliohifadhiwa

makanan beku

vipande vya nyama baridi

pemotongan dingin

chakula cha kopo

makanan kaleng

sabuni ya unga

sabun serbuk

pipi

permen

bidhaa za kaya

alat-alat rumah tangga

bidhaa za kusafisha

obat pembersihan

mtu mauzo

penjual

mpaka

kasa

keshia

kasir

orodha ya manunuzi

daftar belanja

masaa ya ufunguzi

jam buka

mkoba

dompet

kadi

kartu kredit

mfuko

tas

mfuko wa plastiki

kantong plastik

minuman

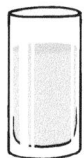

maji

air

sharubati

jus

maziwa

susu

coke

cola

mvinyo

anggur

bia

bir

pombe

alkohol

kakao

coklat

chai

teh

kahawa

kopi

spreso

espresso

kapuchino

cappucino

ndizi

pisang

tufaha

apel

machungwa

jeruk

tikiti

semangka

lemon

jeruk lemon

karoti

wortel

kitunguu saumu

bawang putih

mianzi

bambu

kitunguu

bawang bombai

uyoga

jamur

karanga

kacang

nudo

mi

spageti

spagetti

mpunga

nasi

saladi

salat

vibanzi

kentang goreng

viazi vya kukaanga

kentang goreng

piza

pizza

hambaga

hamburger

sandwichi

sandwich

kipande

sayatan

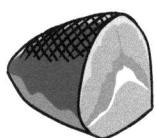

paja la mnyama

ham

salami

salami

soseji

sosis

kuku

ayam

choma

menggoreng

samaki

ikan

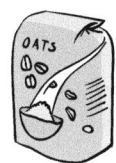

oats ya uji

bubur gandum

muesli

sereal

cornflakes

cornflakes

unga

tepung

kroisanti

croissant

andazi

roti

mkate

roti

mkate wa kubanika

toast

biskuti

biskuit

siagi

mentega

maziwa mgando

dadih

keki

kue

yai

telur

yai kukaanga

telur goreng

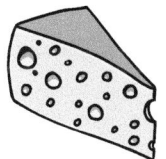

jibini

keju

aiskrimu

eskrim

sukari

gula

asali

madu

jemu

selai

kuenea kwa chokoleti

krim nugat

mchuzi wa viungo

kare

shamba
pertanian

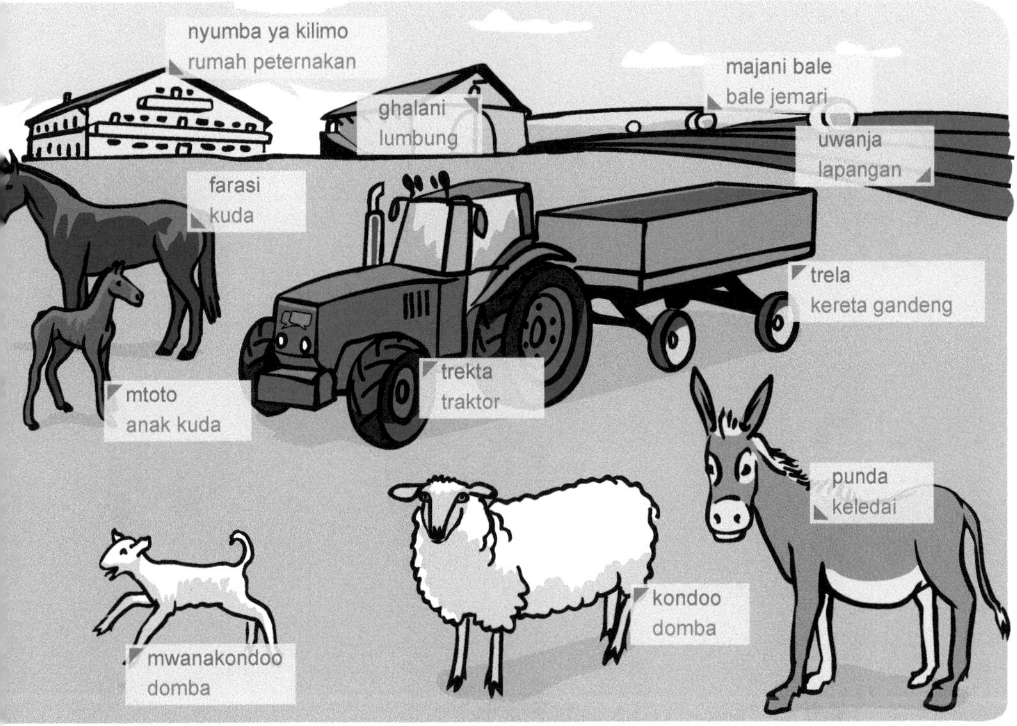

nyumba ya kilimo
rumah peternakan
majani bale
bale jemari
ghalani
lumbung
uwanja
lapangan
farasi
kuda
trela
kereta gandeng
trekta
traktor
mtoto
anak kuda
punda
keledai
kondoo
domba
mwanakondoo
domba

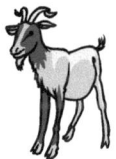

mbuzi

kambing

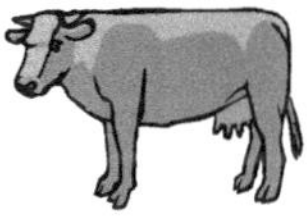

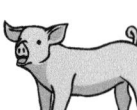

ng'ombe

sapi

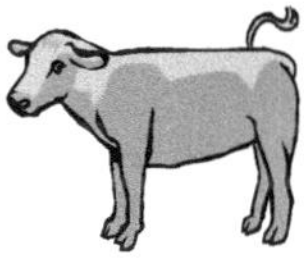

ndama

betis

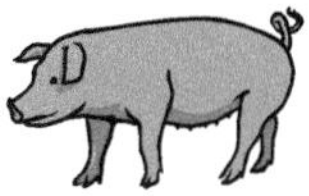

nguruwe

babi

mwananguruwe

celeng

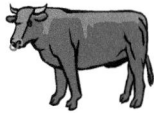

fahali

banteng

batabukini

angsa

bata

bebek

kifaranga

anak ayam

kuku

ayam

jogoo

ayam jantan

panya

tikus

paka

kucing

panya

tikus

ng'ombe

lembu

mbwa

anjing

nyumba ya mbwa

rumah anjing

bomba la bustani

selang

debe la kumwagilia maji

penyiram

fyekeo

sabit

kulima

bajak

mundu

sabit

jembe

cangkul

uma wa nyasi

garpu rumput

shoka

kapak

toroli

gerobak

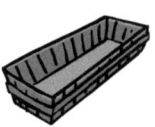

kupitia nyimbo

palung

chombo cha maziwa

kaleng susu

gunia

karung

ua

pagar

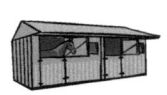

imara

kandang

chafu

rumah kaca

udongo

tanah

mbegu

benih

mbolea

pupuk

kivunaji

mesin pemanen

mavuno

panen

mavuno

panen

viazi vikuu

yams

ngano

gandum

soya

kedelai

viazi

kentang

mahindi

jagung

rapa

lobak

mti wa matunda

pohon buah

muhogo

singkong

nafaka

sereal

nyumba
rumah

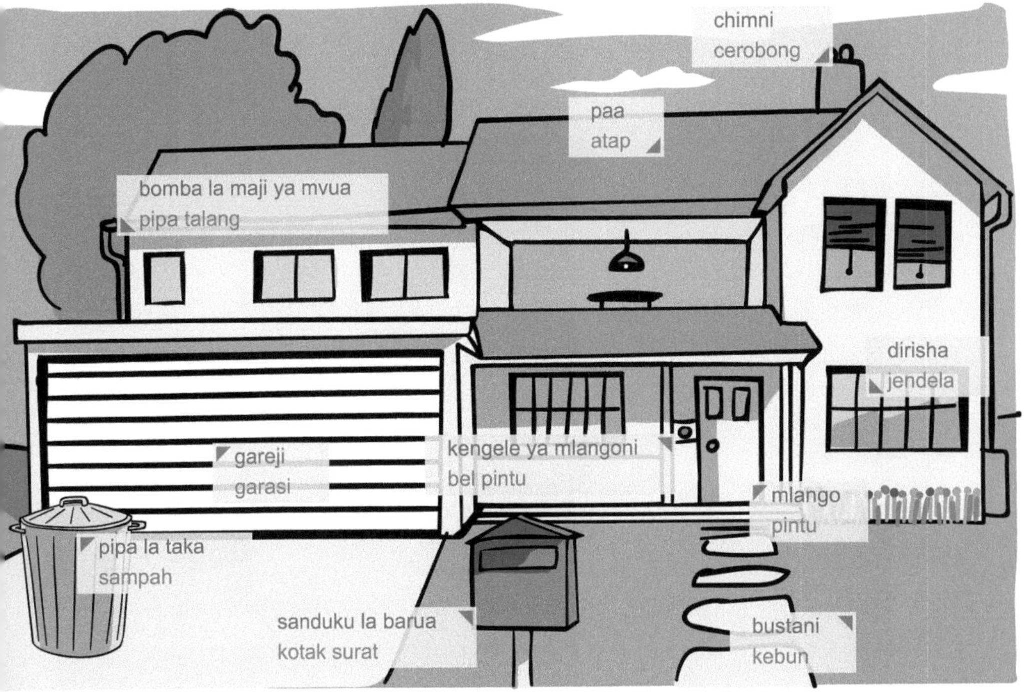
chimni
cerobong
paa
atap
bomba la maji ya mvua
pipa talang
dirisha
jendela
gareji
garasi
kengele ya mlangoni
bel pintu
mlango
pintu
pipa la taka
sampah
sanduku la barua
kotak surat
bustani
kebun

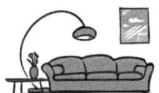

sebuleni

ruang tamu

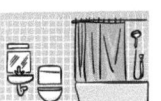

bafu

kamar mandi

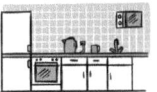

jikoni

dapur

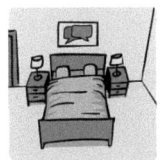

chumba cha kulala

kamar tidur

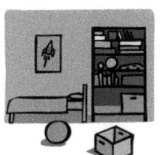

chumba ya mtoto

kamar anak

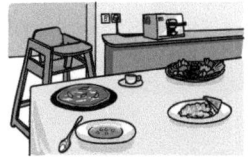

chumba cha kulia

kamar makan

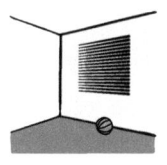

sakafu

lantai

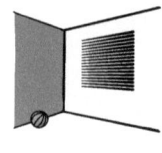

ukuta

tembok

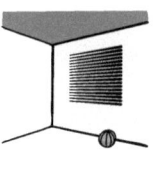

dari

atap

pishi

gudang di bawah tanah

sauna

sauna

roshani

balkon

mtaro

teras

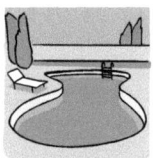

kidimbwi

kolam renang

mashine ya kukata nyasi

mesin pemotong rumput

karatasi

sprei

kitambaa cha kupamba
kitanda

selimut

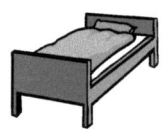

kitanda

tempat tidur

ufagio

sapu

ndoo

ember

kubadili

tombol

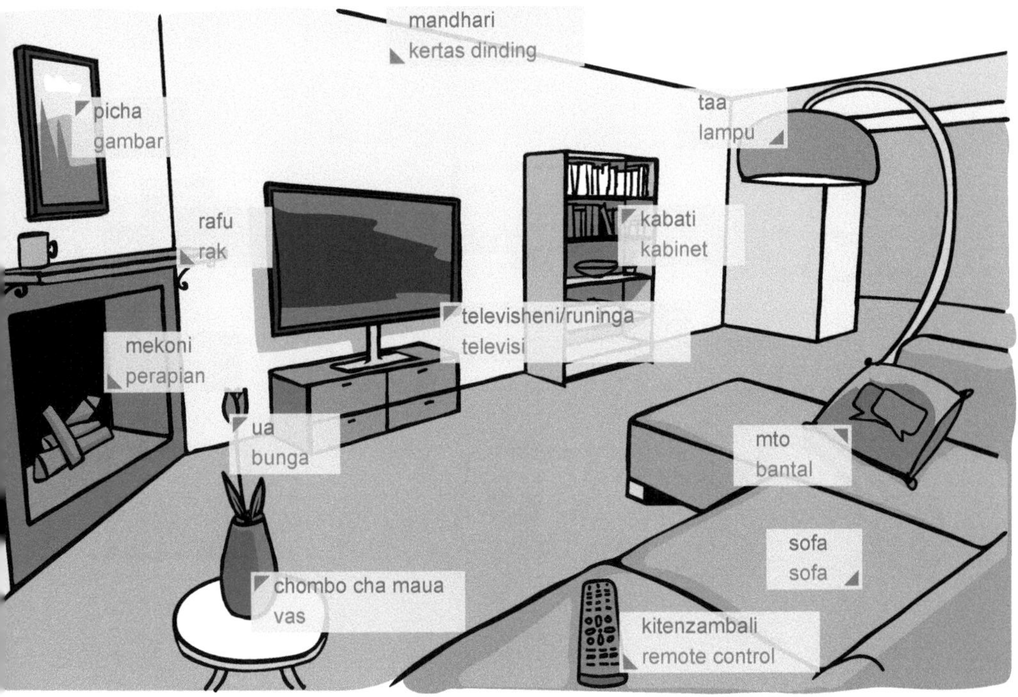

mandhari
kertas dinding

picha
gambar

taa
lampu

rafu
rak

kabati
kabinet

televisheni/runinga
televisi

mekoni
perapian

ua
bunga

mto
bantal

sofa
sofa

chombo cha maua
vas

kitenzambali
remote control

zulia
karpet

pazia
korden

meza
meja

kiti
kursi

kiti cha bembea
kursi goyang

armchair
kursi malas

kitabu

buku

blanketi

selimut

mapambo

dekorasi

kuni

kayu bakar

filamu

filem

kifaa cha hi-fi

hi-fi

ufunguo

kunci

gazeti

koran

uchoraji

lukisan

bango

poster

redio

radio

daftari

buku tulis

kifyonza

penyedot debu

dungusi kakati

kaktus

mshumaa

lilin

jikoni
dapur

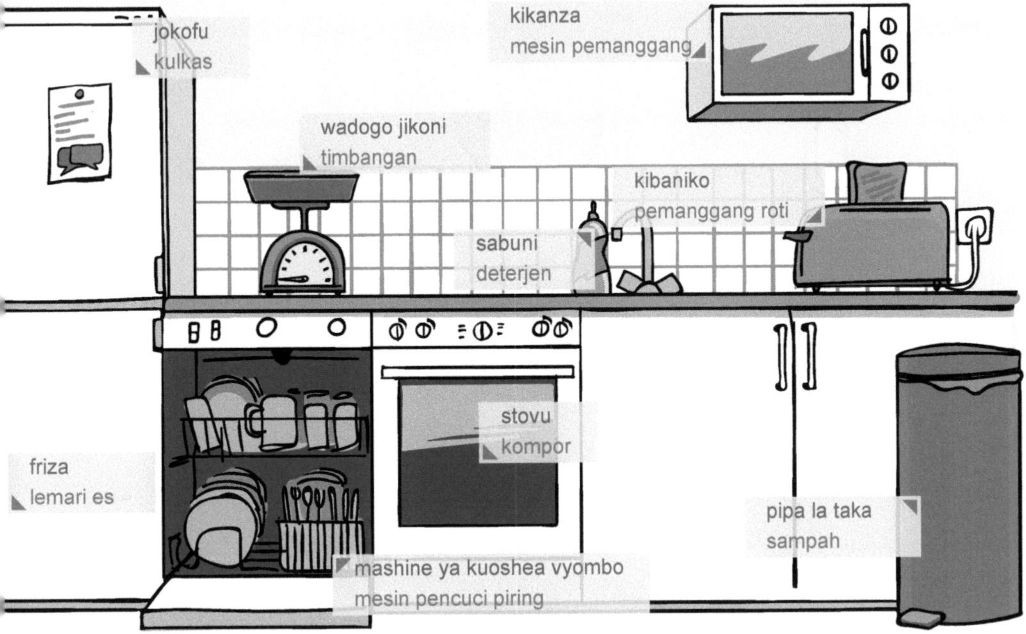
jokofu
kulkas
kikanza
mesin pemanggang
wadogo jikoni
timbangan
kibaniko
pemanggang roti
sabuni
deterjen
stovu
kompor
friza
lemari es
pipa la taka
sampah
mashine ya kuoshea vyombo
mesin pencuci piring

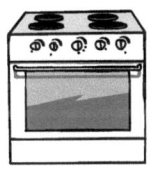

jiko la kupika

kompor

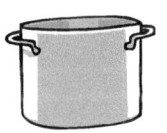

chungu

panci

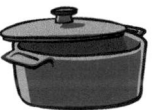

sufuria ya chuma

panci besi

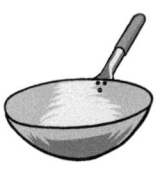

wok / kadai

wajan

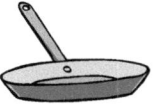

kaango

panci

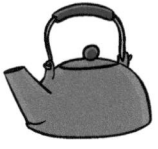

birika

pemanas air

stima

panci pengukus makanan

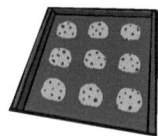

sinia ya kuoka

nampan

vyombo vya udongo

piring

kombe

cangkir

bakuli

mangkok

vijiti vya kulia

sumpit

ukawa

sendok sup

mwiko mpana

sudip

burashi

mengocok

kichujio

saringan

chujio

saringan

mbuzi

parutan

chokaa

mortir

barbeque

barbeque

moto wazi

api terbuka

ubao wa majaribio

papan memotong

kijiti cha kusukuma unga

gilingan

kizibuo

alat pembuka botol

kopo

kaleng

inaweza kopo

pembuka kaleng

kishikio cha chungu

pegangan panci

karo

wastafel

brashi

sikat

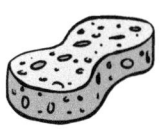

sifongo

busa

kisagaji matunda

mesin pencampur

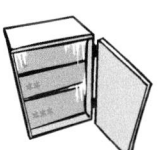

friji ya kina

lemari es

chupa ya mtoto

botol bayi

bomba

keran

jikoni - dapur

bafu
kamar mandi

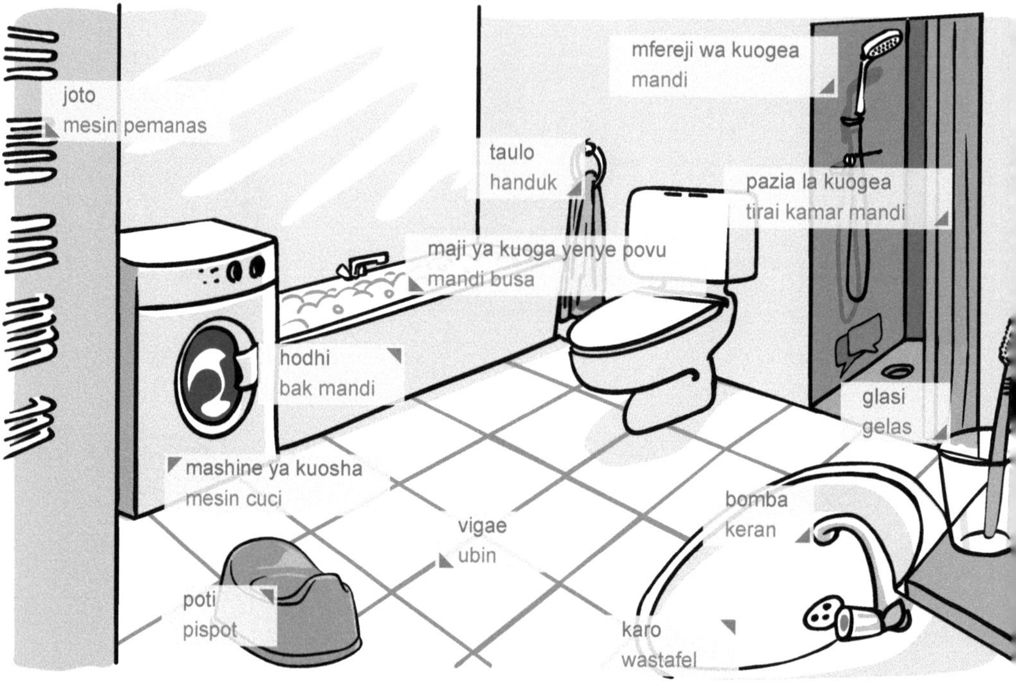

joto
mesin pemanas
mfereji wa kuogea
mandi
taulo
handuk
pazia la kuogea
tirai kamar mandi
maji ya kuoga yenye povu
mandi busa
hodhi
bak mandi
glasi
gelas
mashine ya kuosha
mesin cuci
bomba
keran
vigae
ubin
poti
pispot
karo
wastafel

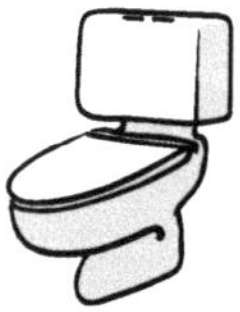

choo
toilet

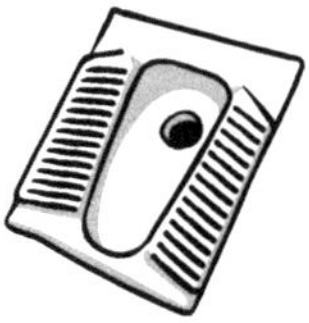

choo cha squat
toilet jongkok

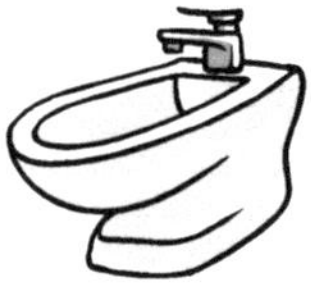

beseni la mviringo
bidet

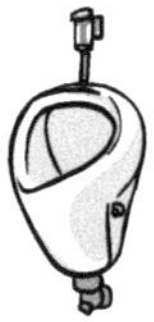

choo cha umma
pissoir

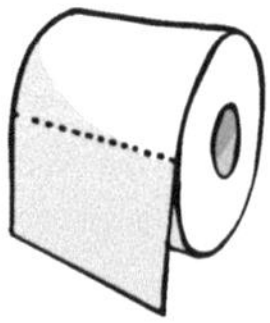

shashi
kertas toilet

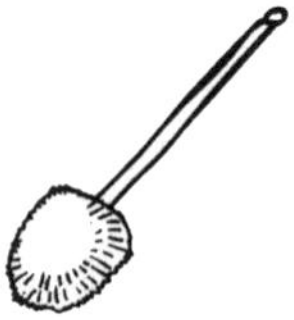

brashi ya choo
sikat toilet

mswaki

sikat gigi

dawa ya meno

pasta gigi

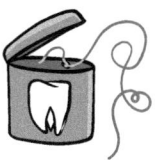

dawa ya meno

benang gigi

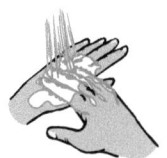

safisha

menyuci

kuoga mkono

pancuran tangan

msukumo wa maji

pancuran

bonde

bak

mpako wa pili

sikat punggung

sabuni

sabun

jeli ya kuogea

gel mandi

shampuu

sampo

flana

planel

toa maji

kuras

krimu

krim

kiondoa harufu

deodoran

kioo
kaca

kioo mkono
cermin tangan

kinyozi
pisau cukur

povu la kunyoa
busa cukur

baada ya kunyoa
aftershave

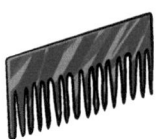

kichana
sisir

brashi
sikat

kikausha nywele
alat pengering rambut

marashi ya nyewele
semprot rambut

vipodozi
makeup

kidomwa
lipstik

varnish ya msumari
cat kuku

pamba
kapas

mkasi wa kucha
gunting kuku

manukato
minyak wangi

mkoba wa kuosha

kantong pencuci

kinyesi

bangku

mizani

timbangan

nguo ya kuoga

mantel mandi

glavu za mpira

sarung tangan karet

kisodo

tampon

sodo

handuk pembalut

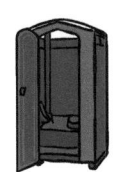

kemikali choo

toilet kimia

chumba ya mtoto

kamar anak

saa ya kengele
jam alarm
kidoli cha kupakata
boneka tidur
gari bandia
mobil-mobilan
kelele
kelintung
chumba cha midoli
rumah boneka
sasa
kado

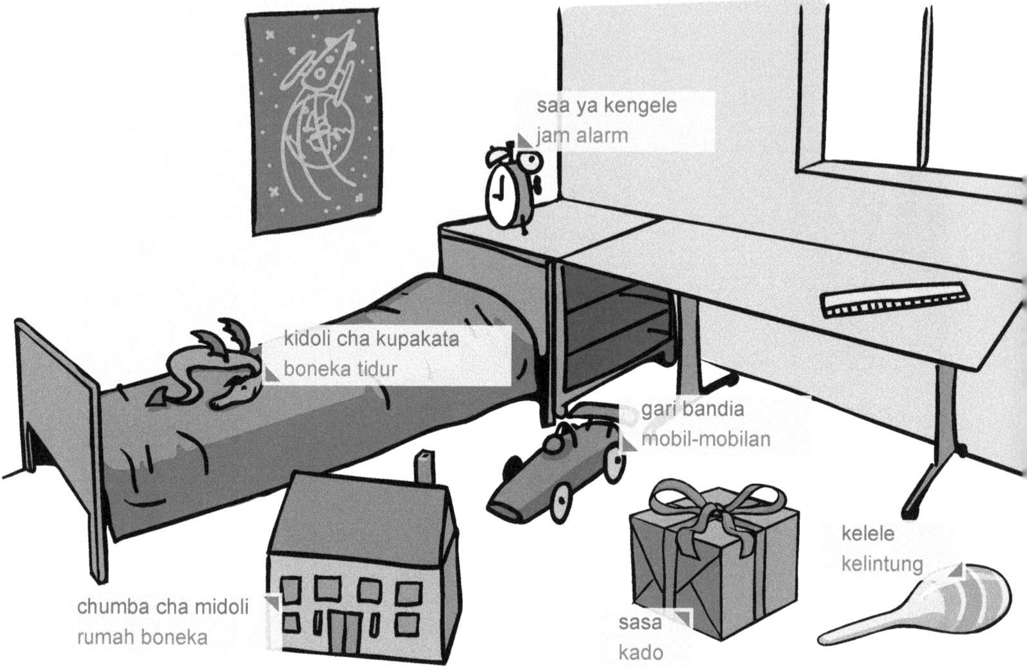

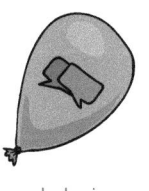

baluni
balon

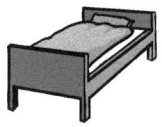

kitanda
tempat tidur

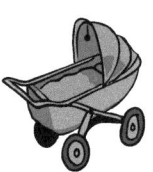

mashua
kereta bayi

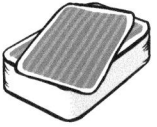

staha ya kadi
mainan kartu

mchezo-fumb
teka-teki

SUPER MEGA

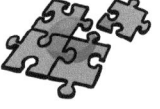

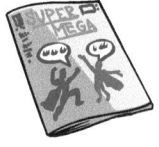

vichekesho
komik

matofali lego

mainan lego

vitalu mwigo

blok mainan

hatua takwimu

figur aksi

suti ya kulalia

baju monyet

kisahani

frisbee

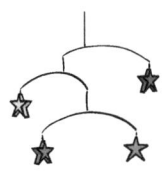

simu

mobile

ubao wa michezo

permainan papan

kete

dadu

garimoshi mwigo

set model kreta api

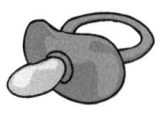

dummy

dot

chama

pesta

picha kitabu

buku gambar

mpira

bola

kikaragosi

boneka

kucheza

bermain

shimo la mchanga

tempat main pasir

bembea

ayunan

vitu bandia

mainan

kiweko cha video ya mchezo

video game konsol

baiskeli ya magurudumu

sepeda roda tiga

matatu

mwanasesere

teddy

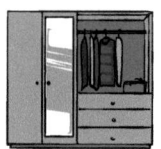

kabati

lemari pakaian

nguo

pakaian

soksi

kaos kaki

stokingi

kaos kaki

kibano

baju ketat

skafu
syal

mwavuli
payung

fulana
kaos

ukanda
sabuk

viatu
sepatu bot

ndara
sandal

wakufunzi
sepatu

malapa
sandal

viatu
sepatu

mabuti ya mpira
sepatu bot karet

suruali ya ndani
celana dalam

sidiria
BH

fulana
baju rompi

mwili

body

suruali

celana

dangirizi

jeans

sketi

rok

blauzi

blus

shati

kemeja

vuta

aket berkerudung

sweta

sweater

bleza

jaket

jaketi

jaket

koti

mantel

koti la mvua

jas hujan

maleba

kostum

gauni

gaun

mavazi ya harusi

gaun pengantin

suti

setelan resmi

vazi la usiku

gaun tidur

pajama

piyama

sari

sari

skafu

jilbab

kilemba

turban

burka

burka

kaftan

kaftan

abaya

abaya

vazi la kuogelea

pakaian renang

vazi la kiume la kuogelea

celana renang

kaptura

celana pendek

teitei

olah raga

aproni

celemek

glavu

sarung tangan

kifungo

kancing

glasi

kacamata

bangili

gelang

mkufu

kalung

pete

cincin

herini

anting

kofia

topi

kiango cha koti

gantungan mantel

kofia

topi

tai

dasi

zipu

ritsleting

kofia

helm

kanda za suruali

tali selempang

sare za shule

seragam sekolah

sare

seragam

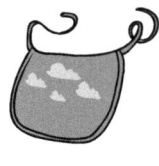

bibu

oto

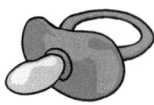

dummy

dot

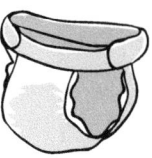

nepi

popok

ofisi
kantor

seva
server
kabati la kuweka faili
lemari arsip
karatasi
kertas
kichapishaji
pencetak
kiwambo
layar
dawati
meja kerja
kipanya
mouse komputer
folda
tempat pengarsipan
kibodi
papan tombol
kiti
kursi
cha kuweka karatasi chafu
t sampah
kompyuta
computer

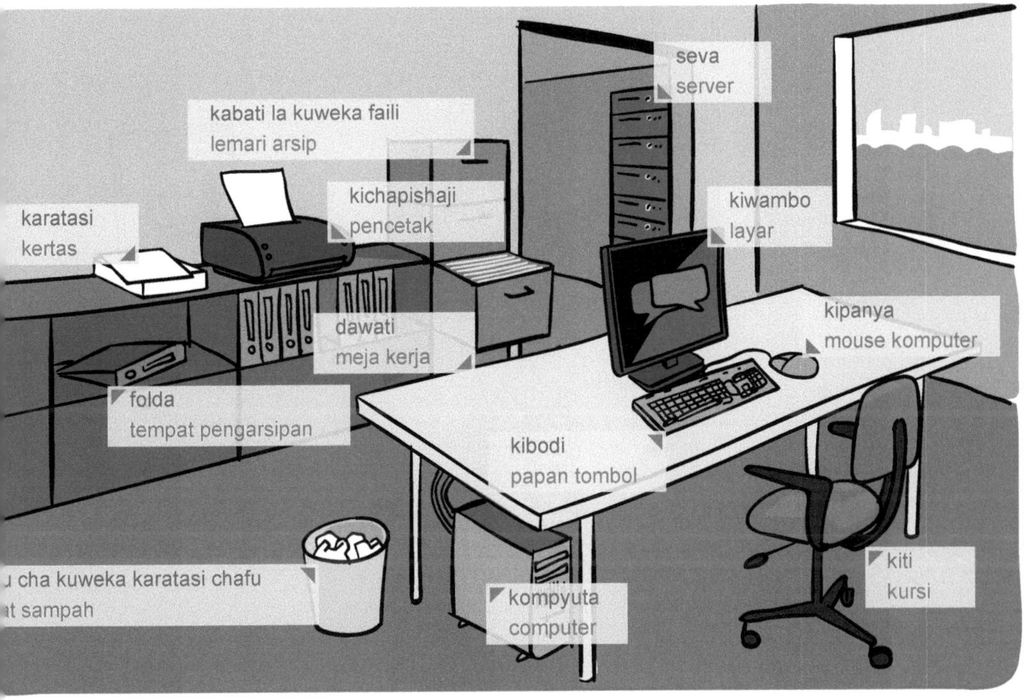

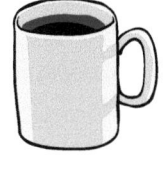

kmobe la kahawa

cangkir kopi

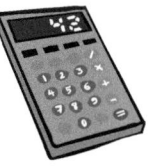

kikokotoo

kalkulator

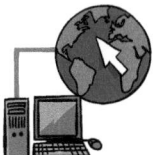

biashara

internet

mbali

laptop

barua

surat

ujumbe

pesan

rununu

telepon seluler

intaneti

jaringan

fotokopia

fotokopi

programu

software

simu

telepon

soketi

plug soket

kipepesi

mesin fax

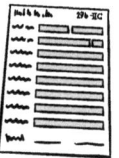

fomu

formulir

hati

dokumen

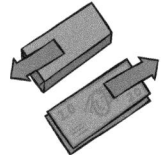

kununua
....
membeli

kulipa
....
membayar

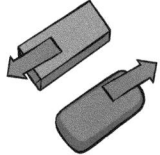

biashara
....
berdagang

fedha
....
uang

dola
....
Dollar

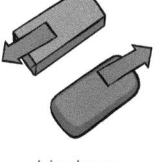

yuro
....
Euro

yeni
....
Yen

rouble
....
Rubel

faranga ya Uswisi
....
Franc Swiss

renminbi yuan
....
Renminbi Yuan

rupia
....
Rupiah

eneo la kulipia
....
ATM

ofisi ya ubadilishanaji

kantor pertukaran mata uang

dhahabu

emas

fedha

perak

mafuta

minyak

nishati

energi

bei

harga

mkataba

kontrak

kodi

pajak

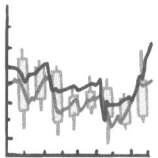

bidhaa

saham

kazi

bekerja

mfanyakazi

karyawan

mwajiri

majikan

kiwanda

pabrik

duka

toko

kazi

pekerjaan

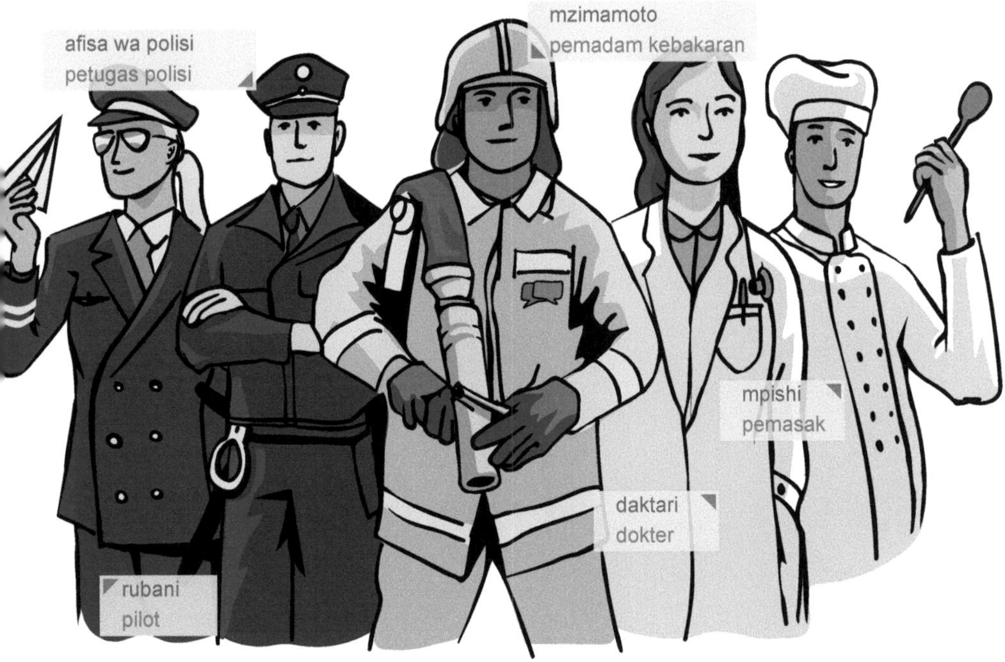
afisa wa polisi
petugas polisi
mzimamoto
pemadam kebakaran
mpishi
pemasak
daktari
dokter
rubani
pilot

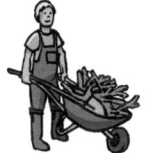

mtunza bustani

tukan kebun

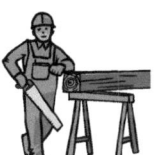

seremala

tukang kayu

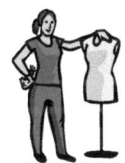

mshonaji

penjahit wanita

hakimu

hakim

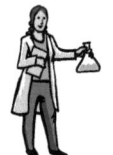

mwanakemia

ahli kimia

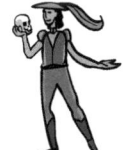

muigizaji

aktor

dereva wa basi

sopir bis

dereva wa teksi

sopir taksi

mvuvi

nelayan

mwanamke wa kusafisha

pembantu

mwezekaji

tukang atap

mhudumu

pelayan

mwindaji

pemburu

mchoraji

pelukis

mwokaji

tukang roti

umeme

tukang listrik

mjenzi

pembangun

mhandisi

insinyur

mchinjaji

tukang daging

fundi bomba

tukang ledeng

mwanaposta

tukang pos

mwanajeshi

tentara

msanifu majengo

arsitek

keshia

kasir

muuza maua

penjual bunga

msusi

penata rambut

kondakta

konduktor

mekanika

montir

nahodha

kapten

daktari wa meno

dokter gigi

mwanasayansi

ilmuwan

rabbi

rabbi

imamu

imam

mtawa

biarawan

kasisi

pendeta

zana

alat

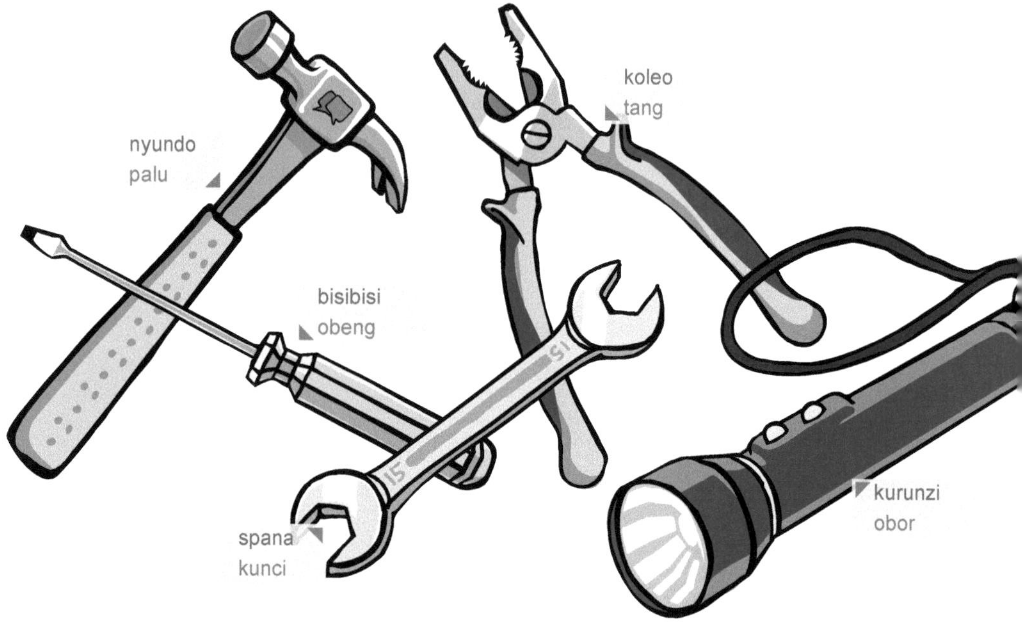

nyundo
palu
koleo
tang
bisibisi
obeng
spana
kunci
kurunzi
obor

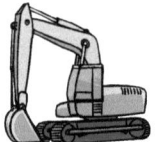

mchimbaji

penggali

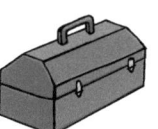

sanduku la vifaa

tas perkakas

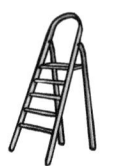

ngazi

tangga

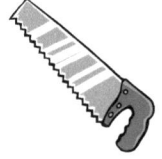

msumeno

gergaji

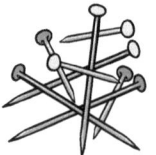

misumari

paku

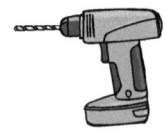

kuchimba visima

bor

kukarabati

perbaikan

sepetu

sekop

Lo!

Sialan!

kishikio cha uchafu

cikrak

chungu cha rangi

pot cat

skurubu

sekrup

ala za muziki

alat musik

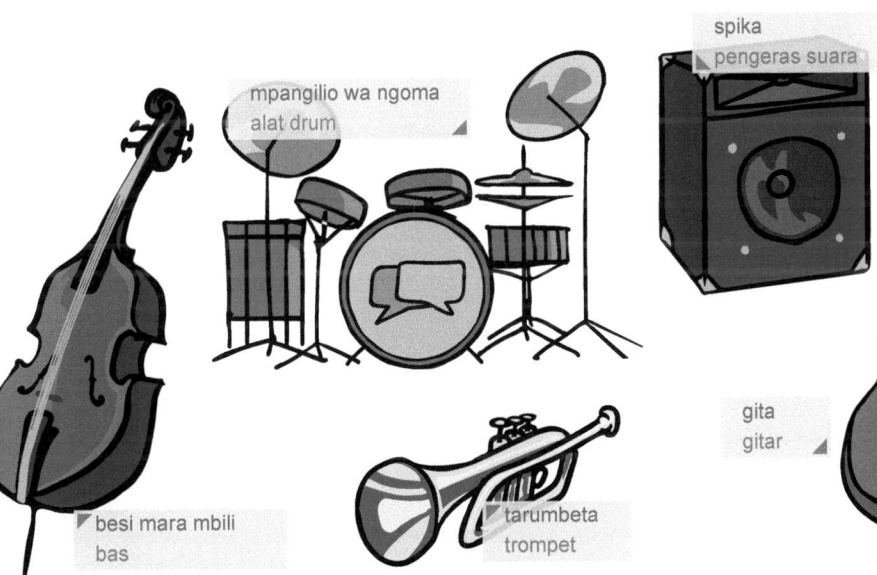

spika
pengeras suara

mpangilio wa ngoma
alat drum

gita
gitar

besi mara mbili
bas

tarumbeta
trompet

piano

piano

fidla

violin

ubeji

bass

timpani

tambur

ngoma

drum

kibodi

keyboard

saksafoni

saksofon

filimbi

suling

maikrofoni

mikrofon

ala za muziki - alat musik

bustani ya wanyama

kebun binatang

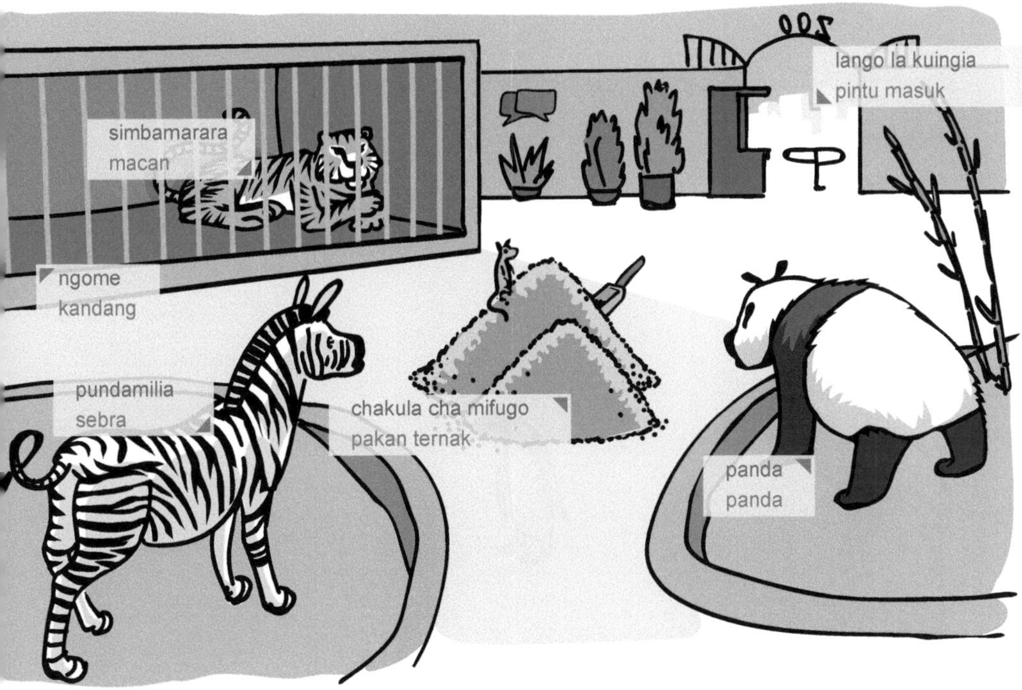

ZOO
lango la kuingia
pintu masuk
simbamarara
macan
ngome
kandang
pundamilia
sebra
chakula cha mifugo
pakan ternak
panda
panda

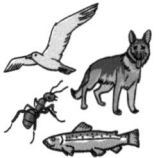

wanyama

hewan

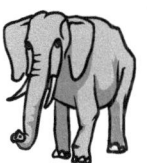

tembo

gajah

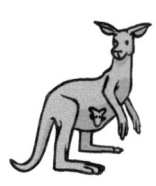

kangaruu

kanguru

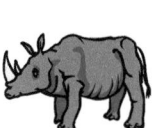

kifaru

badak

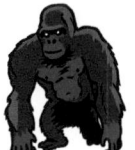

sokwe

gorila

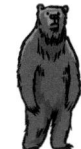

dubu

beruang

ngamia
unta

mbuni
burung unta

simba
singa

tumbili
monyet

heroe
flamingo

kasuku
burung beo

dubu
beruang polar

penguini
penguin

papa
hiu

tausi
merak

nyoka
ular

mamba
buaya

mtunza wanyama
penjaga kebun binatang

muhuri
segel

jaguar
jaguar

mwanafarasi

kuda poni

chui

macan tutul

kiboko

kuda nil

twiga

jerapah

tai

burung elang

nguruwe mwitu

babi jantan

samaki

ikan

kobe

kura-kura

sili

anjing laut

mbweha

rubah

paa

kijang

soka ya marekani
american football

uendeshaji baiskeli
naik sepeda

tenisi
tennis

mpira wa kikapu
basketbal

kuogelea
bernang

ndondi
tinju

magongo ya barafuni
hoki es

soka
sepak bola

vinyoya
badminton

riadha
atletik

mpira wa mikono
bola tangan

skii
main ski

polo
polo

shughuli
aktivitas

cheka
ketawa
kuruka
meloncat
kumbatia
memeluk
kutembea
berjalan
kuimba
menyanyi
ota ndoto
mengimpi
kuomba
berdoa
busu
mencium

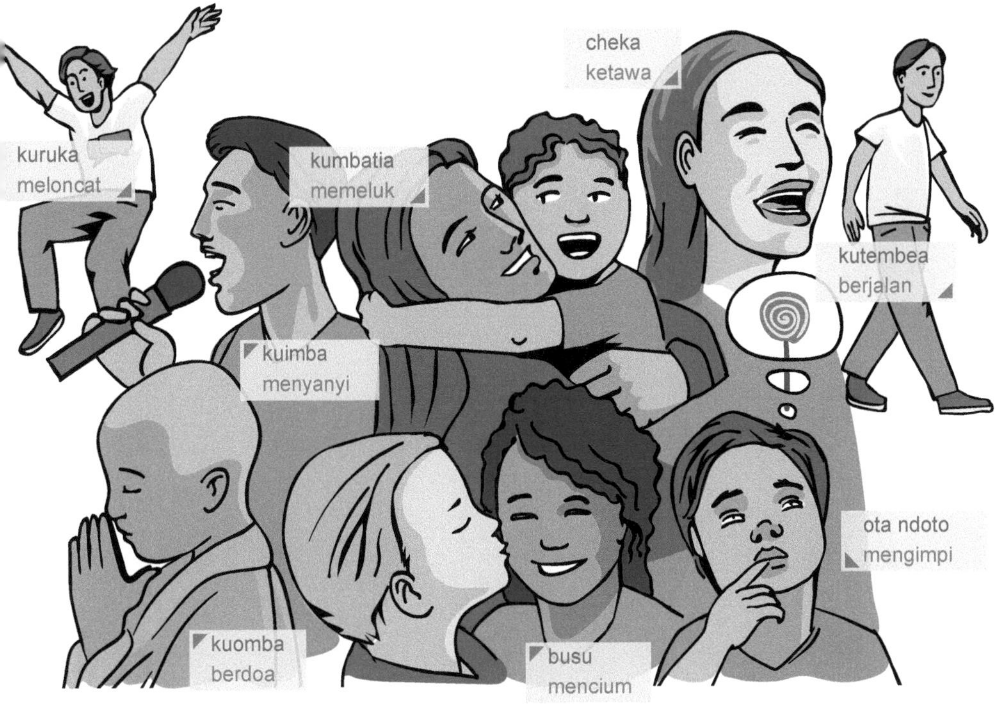

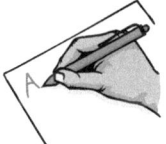

kuandika
menulis

kuteka
melukis

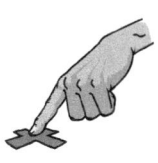

angalia
menunjuk

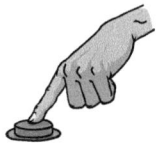

sukuma
mendorong

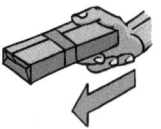

kutoa
memberikan

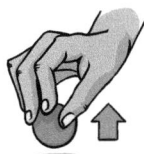

kuchukua
mengambil

kuwa

mempunyai

fanya

melakukan

kuwa

adalah

kusimama

berdiri

kukimbia

berlari

vuta

menarik

kutupa

melempar

kuanguka

jatuh

hadaa

tidur

kusubiri

menunggu

kubeba

membawa

kukaa

duduk

vaa nguo

berpakaian

usingizi

tidur

kuamka

bangun

shughuli - aktivitas

kuangalia

melihat

lia

menangis

kiharusi

mengelus

chana nywele

menyisir

ongea

berbicara

kuelewa

mengerti

kuuliza

menanyak

kusikiliza

mendengar

kunywa

minum

kula

makan

nadhifisha

merapikan

upendo

cinta

mpishi

memasak

gari

menyetir

kuruka

terbang

meli

berlayar

kokotoa

menghitung

kusoma

membaca

kujifunza

belajar

kazi

bekerja

kuoa

menikah

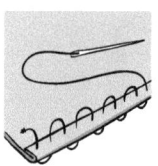

kushona

menjahit

piga mswaki

sikat gigi

kuua

membunuh

moshi

merokok

kutuma

kirim

shughuli - aktivitas

bibi
nenek

babu
kakek

baba
bapak

mama
ibu

mtoto
bayi

binti
putri

bin
putra

mgeni

tamu

shangazi

bibi

mjomba

paman

kaka

kakak laki

dada

kakak perempuan

mwili
badan

paji la uso
dahi
jicho
mata
bega
bahu
kidole
jari
uso
muka
kidevu
dagu
mkono
tangan
mguu
kaki
matiti
payudara
mkono
lengan

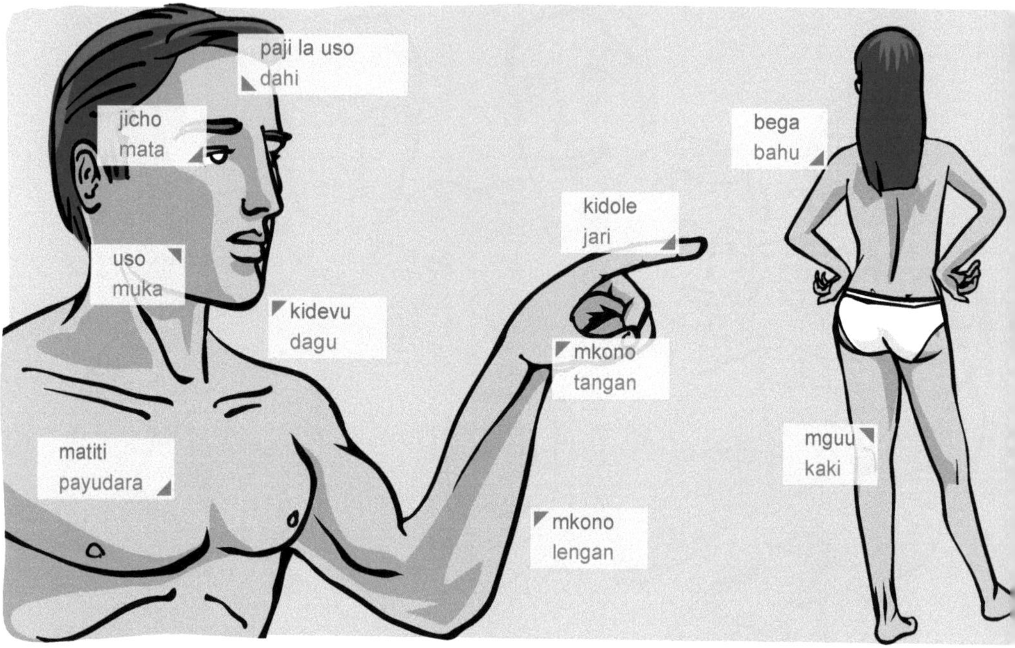

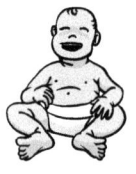

mtoto
bayi

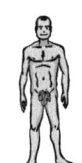

mwanamume
pria

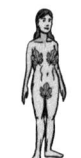

mwanamke
wanita

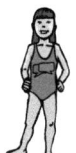

msichana
perempuan

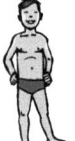

mvulana
laki

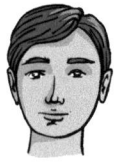

kichwa
kepala

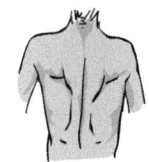

nyuma

punggung

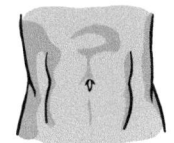

tumbo

perut

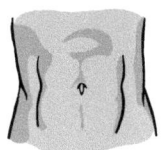

kitovu

pusar

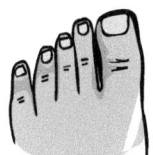

chano

toe

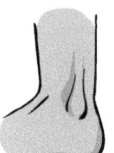

kisigino

tumit

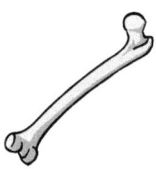

mfupa

tulang

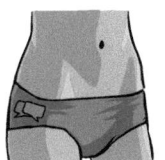

nyonga

pinggang

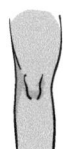

goti

lutut

kiwiko

siku

pua

hidung

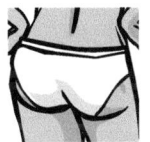

chini

pantat

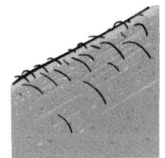

ngozi

kulit

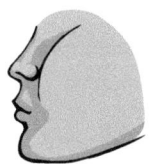

shavu

pipi

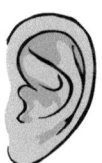

sikio

telinga

mdomo

bibir

kinywa
mulut

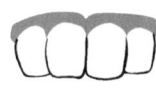

jino
gigi

ulimi
lidah

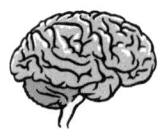

ubongo
otak

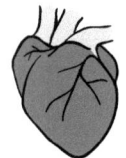

moyo
jantung

misuli
otot

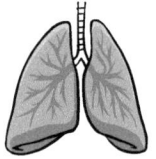

pafu
paru-paru

ini
hati

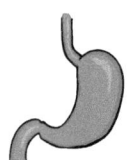

tumbo
stomach

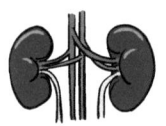

figo
ginjal

jinsia
hubungan seks

kondomu
kondom

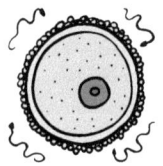

ovari
sel telur

shahawa
sperma

mimba
kehamilan

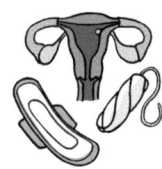

hedhi

menstruasi

uke

vagina

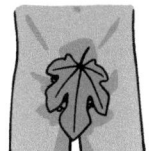

uume

penis

unyusi

alis

nywele

rambut

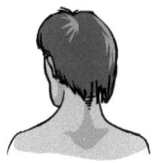

shingo

leher

hospitali
rumah sakit

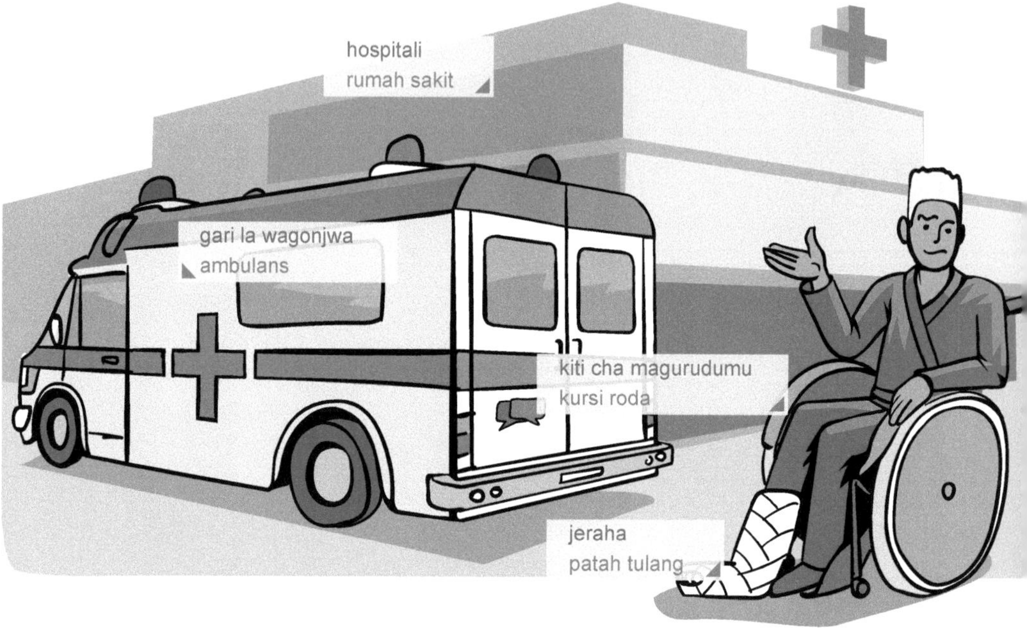

hospitali
rumah sakit
gari la wagonjwa
ambulans
kiti cha magurudumu
kursi roda
jeraha
patah tulang

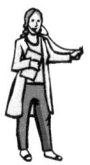

daktari

dokter

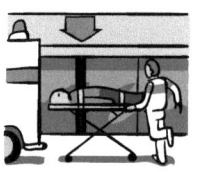

chumba cha dharura

ruang darurat

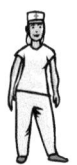

muuguzi

perawat

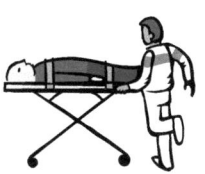

dharura

darurat

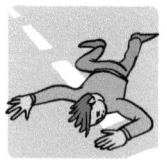

kupoteza fahamu

semaput

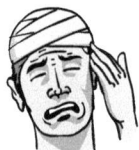

maumivu

sakit

kuumia

cedera

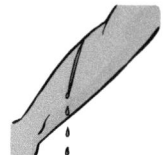

kutokwa na damu

perdarahan

mshtuko wa moyo

serangan jantung

kiharusi

stroke

mzio

alergi

kikohozi

batuk

homa

demam

mafua

flu

kuharisha

diare

maumivu ya kichwa

sakit kepala

kansa

kanker

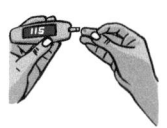

ugonjwa wa kisukari

diabetes

daktari mpasuaji

ahli bedah

kisu kidogo cha kupasulia

pisau bedah

operesheni

operasi

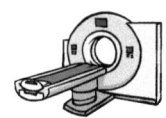

picha changanufu ya mwili
CT

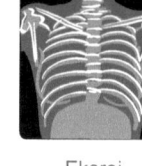

Eksrei
sinar x

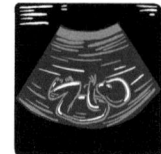

mawimbi sauti
usg

barakoa ya uso
topeng

ugonjwa
penyakit

chumba cha kusubiri
ruang tunggu

mkongojo
penyokong

plasta
plester

bendeji
perban

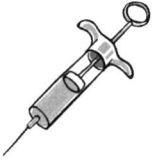

sindano
injeksi

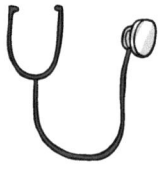

stetoskopu
stetoskop

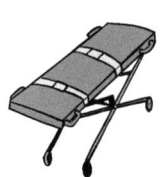

machela
usungan

kipimajoto cha kliniki
termometer klinis

kuzaliwa
kelahiran

unene kupita kiasi
kelebihan berat badan

kusikia misaada

alat pendengar

kipukusi

desinfektan

maambukizi

infeksi

virusi

virus

VVU / UKIMWI

HIV / AIDS

dawa

obat

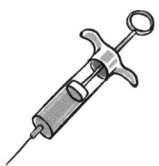

chanjo

vaksinasi

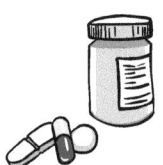

vidonge

tablet

kidonge

pil

simu ya dharura

panggilan darurat

haemodainamometa

ukur tekanan darah

mgonjwa / mwenye afya

sakit / sehat

dharura
darurat

Msaada!
Tolong!

kengele
alarm

pigo
penyerbuan

shambulizi
serangan

hatari
bahaya

lango la dharura
pintu darurat

Moto!
Api!

kizima moto
alat pemadam kebakaran

ajali
kecelakaan

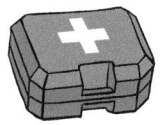

vifaa vya huduma ya
kwanza
kit pertolongan pertama

wito wa msaada
SOS

polisi
polisi

Ulaya

Eropa

Amerika ya Kaskazini

Amerika Utara

Amerika ya Kusini

Amerika Selatan

Afrika

Afrika

Asia

Asia

Australia

Australi

Atlantiki

Atlantik

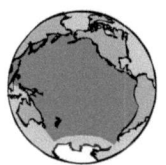

Pasifiki

Pasifik

Bahari ya Hindi

Samudra India

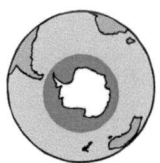

Bahari ya Antaktiki

Samudra Antartika

Bahari ya Aktiki

Samudra Arktik

Ncha ya Kaskazini

kutub utara

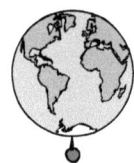

Ncha ya Kusini
kutub selatan

Antaktika
Antarktika

dunia
bumi

nchi
tanah

bahari
laut

kisiwa
pulau

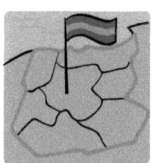

taifa
bangsa

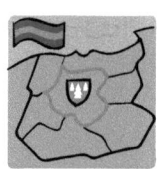

jimbo
negara

uso wa saa

jam wajah

akrabu ya saa

jarum pendek

akrabu ya dakika

jarum menit

akrabu ya sekunde

jarum detik

Ni saa ngapi?

Jam berapa?

siku

hari

wakati

waktu

sasa

sekarang

saa ya dijitali

jam digital

dakika

menit

saa

jam

Jumatatu — Senin
MO

Jumatano — Rabu
W

Ijumaa — Jumat
FR

TU

TH
Jumamosi — Sabtu

SA

SO

Jumanne — Selasa

Alhamisi — Kamis

Jumapili — Minggu

jana
kemaren

leo
hari ini

kesho
besok

asubuhi
pagi

saa sita mchana
siang

jioni
malam

siku za biashara
hari kerja

mwishoni mwa wiki
akhir minggu

mwaka
tahun

mvua
hujan
upinde wa mvua
pelangi
theluji
salju
upepo
angin
majira ya machipuko
musim semi
vuli
musim gugur
kiangazi
musim panas
majira ya baridi
musim dingin

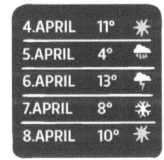

4.APRIL 11°
5.APRIL 4°
6.APRIL 13°
7.APRIL 8°
8.APRIL 10°

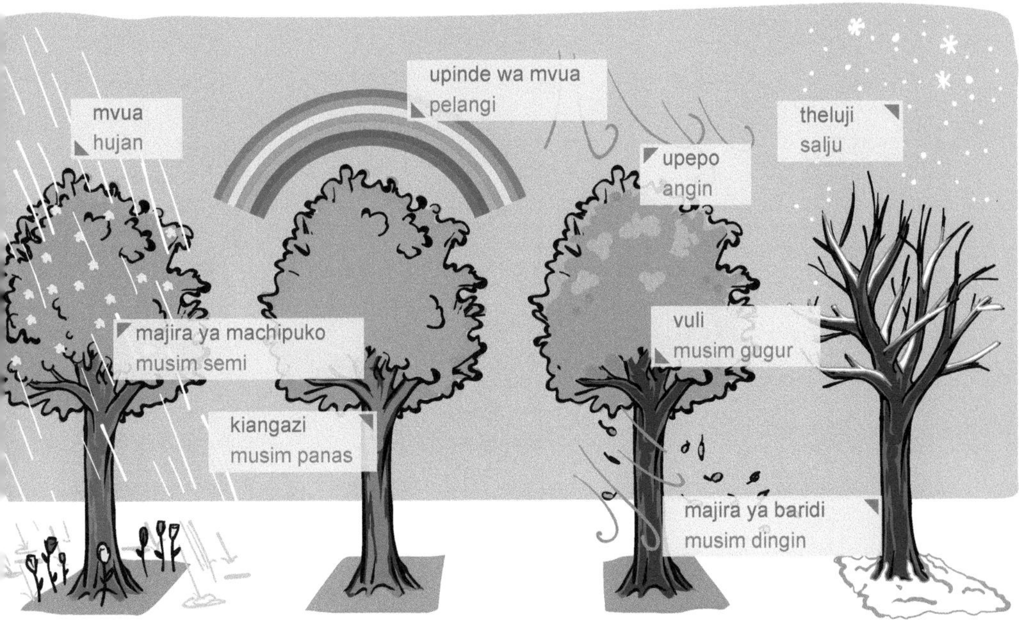

utabiri wa hali ya hewa
....
ramalan cuaca

F C
120 40
90 30
60 20
30 10
0 0
-30 -10
-20

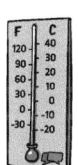

kipimajoto
....
termometer

mwanga wa jua
....
matahari

wingu
....
awan

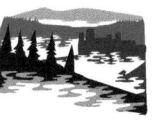

ukungu
....
kabut

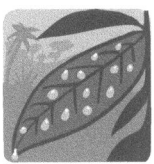

unyevu
....
kelembahan

umeme

kilat

radi

guntur

dhoruba

badai

mvua ya mawe

hujan es

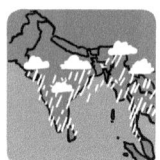

monsuni

monsun

mafuriko

banjir

barafu

es

Januari

Januari

Februari

Februari

Machi

Maret

Aprili

April

Mei

Mei

Juni

Juni

Julai

Juli

Agosti

Agustus

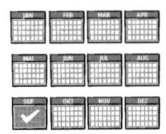

Septemba

September

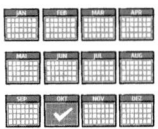

Oktoba

Oktober

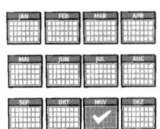

Novemba

November

Desemba

Desember

maumbo
bentuk

mduara

lingkaran

mraba

persegi

mstatili

persegi panjang

pembetatu

segi tiga

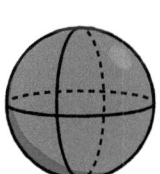

nyanja

bola

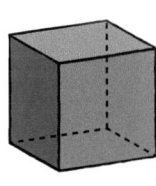

mchemraba

kubus

nyeupe

putih

manjano

kuning

chungwa

oranye

rangi ya waridi

pink

nyekundu

merah

hudhurungi

ungu

bluu

biru

kijani

hijau

hanja

coklat

jivujivu

abu-abu

nyeusi

hitam

mengi / kidogo

banyak / sedikit

hasira / pole

marah / tenang

nzuri / mbaya

cantik / jelek

mwanzo / mwisho

mulaih / selesai

kubwa / ndogo

besar / kecil

angavu / giza

terang / gelap

kaka / dada

saudara laki-laki / saudara perempuan

safi / chafu

bersih / kotor

kamilika / tokamilika

lengkap / tidak lengkap

siku / usiku

hari / malam

wafu / hai

mati / hidup

pana / nyembamba

luas / sempit

kulika / kutolika

dapat dimakan / tidak dapat dimakan

ovu / ema

jahat / baik

sisimkwa / udhika

bersemangat / bosan

nene / nyembamba

gemuk / kurus

kwanza / mwisho

pertama / terakhir

rafiki / adui

teman / musuh

jaa / tupu

penuh / kosong

ngumu / laini

keras / lembut

nzito / nyepesi

berat / enteng

njaa / kiu

lapar / haus

mgonjwa / mwenye afya

sakit / sehat

haramu / kisheria

ilegal / legal

akili / kijinga

cerdas / bodoh

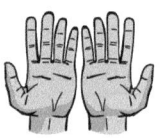

kushoto / kulia

kiri / kanan

karibu / mbali

dekat / jauh

mpya / kutumika

baru / bekas

kitu / jambo

tidak ada apapun / sesuatu

zee / changa

tua / muda

waka / zima

nyala / mati

wazi / fungwa

buka / tutup

utulivu / kelele

tenang / keras

tajiri / masikini

kaya / miskin

sahihi / kosa

benar / salah

mbaya / laini

kasar / halus

huzunika / furahia

sedih / gembira

fupi /ndefu

pendek / panjang

polepole / haraka

pelan-pelan / cepat

nyevu / kavu

basah / kering

joto / baridi

hangat / sejuk

vita / amani

perang / damai

angka-angka

0

sufuri

nol

1

moja

satu

2

mbili

dua

3

tatu

tiga

4

nne

empat

5

tano

lima

6

sita

enam

7

saba

tujuh

8

nane

delapan

9

tisa

sembilan

10

kumi

sepuluh

11

kumi na moja

sebelas

12

kumi na mbili

duabelas

13

kumi na tatu

tigabelas

14

kumi na nne

empatbelas

15

kumi na tano

limabelas

16

kumi na sita

enambelas

17

kumi na saba

tujuhbelas

18

kumi na nane

delapanbelas

19

kumi na tisa

sembilanbelas

20

ishirini

duapuluh

100

mia

seratus

1.000

elfu

seribu

1.000.000

milioni

juta

bahasa-bahasa

Kiingereza

Inggris

Kiingereza cha Marekani

bahasa Inggris Amerika

Kimandarini cha Uchina

bahasa Cina Mandarin

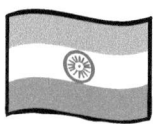

Kihindi

bahasa Hindi

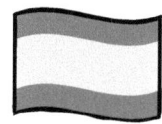

Kihispania

bahasa Spanyol

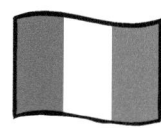

Kifaransa

bahasa Perancis

Kiarabu

bahasa Arab

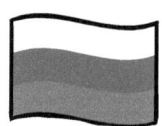

Kirusi

bahasa Rusia

Kireno

bahasa Portugis

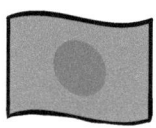

Kibengali

bahasa Bengal

Kijerumani

bahasa Jerman

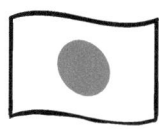

Kijapani

bahasa Jepang

mimi

saya

wewe

kamu

yeye / yeye / ni

dia

sisi

kita

wewe

kalian

wao

mereka

nani?

siapa?

nini?

apa?

jinsi gani?

begaimana?

wapi?

dimana?

lini?

kapan?

jina

nama

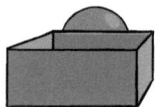

nyuma

dibelakang

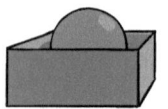

katika

di

mbele ya

didepan

juu ya

diatas

kwenye

diatas

chini ya

dibawah

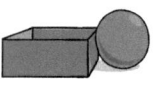

kando

sebelah

kati

di antara

mahali

tempat